Paul Spittler

sin(n)flut

Paul Spittler

sin(n)flut

Dichtungen

Bibliografische Information der Deutschen Nationalbibliothek
Die Deutsche Nationalbibliothek verzeichnet diese Publikation in der
Deutschen Nationalbibliografie; detaillierte bibliografische Daten sind im
Internet über http://dnb.d-nb.de abrufbar.

Herstellung und Verlag: Books on Demand GmbH,
Norderstedt
Umschlagmotiv: „Golden Clouds" Paul Spittler
ISBN 9783837067705

Flucht der Wahrheit

Dort ist Sonne,
nur einen Schritt entfernt.
So lockend und wärmend und lichtgelb,
als wär's echt.
Die Täuschung ist nahezu perfekt,
fast vollkommen,
doch ganz und gar unwirklich für mich.
Melodie und Tanz kommen vom Band.
Die Katze ein Geist.
Teppich, Stuhl und Tisch
nur Schemen für mich.

Vielleicht reicht zum Leben
dieser Schein und mehr brauche ich nicht...
Aber wenn du durch's Bild schleichst,
willst etwas verstecken,
oder dem Boden lauschen,
oder einfach fühlen, wie's geht,
du, dann denk ich nichts, außer:
Augen zu!
und dreh mich um –
zur Türe raus ist's ein kleiner Schritt –
raus auf den flirrenden Asphalt,
renne schnell und atme heiß.

Weg!
Weg!

In meiner Höhle aus silberschimmerndem Papier
Darf ich endlich weinen.

Hasardspiel

Graue Haare spiegeln sich im Wasser,
Feuchte Augen huschen über Wiesen,
Die triefende Nase tut, als müsst' sie niesen –
Die Wiesen waren auch schon nasser.

Die Zunge malt die Lippen feucht.
Die Zähne haben gelbbraungrüne Sprenkel,
Die beißen flink in fette Schenkel,
Wenn die Welt sich biegt und keucht.

Verloren, auf halbem Weg nach Gestern.
Was soll der Gruß auf deren Grab? –
Der kam doch eh aus fremden Nestern.

Keine Wahrheit ist ganz richtig.
Weil die Lüge doch dazu gehört,
Ist die Wahrheit letztlich nichtig. –
Und der Lügner lediglich verstört.

Unsterblich

Wir zwei waren unsterblich.
Unbesiegbar.
Auserkoren.
Jedoch verliert man,
was man am meisten liebt,
denn die Erde dreht sich doch.

Denn die Erde dreht sich doch.
Zum Nutzen vieler,
aus Liebe zu sich selbst.
Weil einer die Wahrheit weiß,
sterben Tausende.
Nächstenliebe.

Nächstenliebe.
Verlogen,
verloren,
verhasst,
vergessen?
Hoffnung bleibt und stirbt zuletzt,
weil wahre Liebe unsterblich ist.

Clown im Schatten

Rotnasig, verrückt und blind.

Einsam ziehst du durch graue Alleen,
die voll abgestorbener Bäume stehen,
und du denkst an Zeiten,
die alt und blasspastell
durch das lichte Blattwerk scheinen:
Dunkelzart gezeichnet, fein und glatt,
silbrig, mit goldenen Beschlägen.

Nun ist alles monoton und vergessbar,
deine Nase ist fleckig und dein Hut
sitzt schief und hat Löcher.

Dein Gesicht – eine gebrauchte Maske,
wie ein Tier im Gesicht – fängt zu fauchen an.
So viele sehen dich,
die du einst glücklich gemacht,
vielleicht sogar gerührt hast.
Sie sehen dich großäugig und lüstern an,
amüsieren sich, halten die feisten Bäuche.
Sie rufen und lachen Hohn.

Und du weißt es.
Du bist ein Clown im Schatten.

Leben lassen

Da ist ein Klavier
hinten
irgendwo
ganz leise wird es gespielt
von den Geistern der Vergangenheit.
Wir sitzen oben
auf dem Treppenabsatz,
auf dem der Hund deiner Nachbarin
ein sauber braunes Häufchen hinterlassen hat,
du rechts neben mir.
Das Klavier hinter uns.
Vor uns das Leben:
Menschen und Schatten,
Bäume und Autos und deren Schatten,
Träume ohne Zukunft und Vergangenheit.
Bleib bei mir,
lass mich nicht allein. Bitte.
Ich flehe mit Blicken,
sehe dich nicht ganz,
du drehst dich weg.
Kein Lächeln:
Ich kann nicht.
Wahrheit und Trauer,
der Pianist aus Erinnerungen
spielt ein Crescendo der Wut.
Wie du meinst.
Ich lasse dich gehen,
die Stufen hinunter.
Das Leben wartet.

Der Unfall

Es war ein langer Tag
und dann war der Unfall.
Deine Schuld war es nicht,
doch unschuldig ist niemand
und du bist schon lange krank gewesen.
Kann sein, du bist gestorben.
Da war kreischendes Metall,
- erinnerst du dich?
und Sirenengetöse und Tränen.
Der schimmernde Asphalt glänzte von deinem Blut.
Du fühltest dich gebrochen,
alle Körperteile winselten Schmerz.

Weiße Gestalten, keine Geister - Ärzte.
Sie rangen und beteten und ließen es bleiben.
Der Sekundenzeiger macht nun große Sprünge,
bleibt schließlich stehen.
Der Unfall hat dich getötet.
Doch du kannst sehen...

Kannst nun sehen.

liebe im herbst dieser welt

er,
sie,
zusammen.
lebendig.
schwebend.
fröhlich und
froh.
jeder für sich.
kurze zeit,
große leere,
verblichene ewigkeit.
zeit,
die wehtut.
leere,
die wunden heilt.
ewigkeit,
die alles vergessen macht.
liebe -
zerbrochen im
herbst dieser welt.

Leben

Leben ist...

lieben
lachen
hoffen
wachen
schlafen
träumen
nichts versäumen

Leben ist
das Leben an sich
Leben ist
was das Leben verspricht
Leben ist
vergeben und auch
nie vergessen, dass man zum Leben
das Lieben braucht

doch Leben heißt nicht
sich selbst zu verraten
lebe dein Leben
ohne abzuwarten
bis ein Fremder dir sagt
was du sollst, was du musst
das wäre das Falsche, denn
das Herz in deiner Brust
könnte diese Last nicht ertragen

frag' nicht zu viele Fragen
denk nach, denn erst dann
zeigt sich - nicht nur was man könnte -
sondern was man kann.

Schatten

Manchmal bist du
mir ein paar Schritte voraus,
keck und übermütig
springst du über jeden Stein,
über jede Mauer,
über jedes Hindernis.

So bist du mein Vorbild.

Doch manchmal,
wenn die Sonne den
Horizont berührt und
die Welt versinkt in
Dunkelheit und Schlaf,
dann bist du klein und kleiner
und schließlich eins
mit der Nacht.

So habe ich Angst.

In diesen Momenten ist
keiner mehr da,
mir seine Hand zu reichen,
mich zu schützen
vor dem bösen Traum,
oder mit mir zu fliegen.

So vermisse ich dich,
mein Schatten,
mein heimlicher Verehrer.

Doch morgen schon sind
wir wieder vereint.
Die Sonne geht auf,
ein neuer Tag bricht an.

tatSache

Dunkelheit.
Stille Flure.

Schrei nach
Hoffnung.

Suche.

Kein
Glück!

Quälen
Sterben
Licht
Paradies

Vergessen?
Vergeben?

Verurteilen!

Lullaby

Viele Jahre:
Glück
Lachen
Freude
und
Friede

Plötzlich:
Angst
Trauer
Hass
und
Verzweiflung

In der einen Hand einen Lolli
In der anderen eine Pistole

Die Kugel fliegt
schon klebrig von Blut
Trifft

Doch die Hand mit der Pistole zittert
Der Lauf
gerichtet auf
Dich

Zweiter Schuss

Die Frau wischt Reste von Blut
mit der Schürze weg

Sie war die Mutter

Und sie weint.

Die Welt im Sterben

Menschen lachen,
glauben das Unglaubliche,
sehen in den Spiegel,
überzeichnen die Konturen,
erschrecken nicht,
nicht einmal vor sich selbst.

Fantastische Wunden,
zugefügt vom ätzenden Speichel,
der in den Mündern
der Menschen zusammenfließt.

Sie sehen nicht,
hören nicht,
atmen viel, doch
schmecken sie nicht
den Geschmack der
Verwesung.

Die Welt im Sterben.

Und wofür?

Augen weit geschlossen

sprechen
ohne etwas zu sagen

hören
ohne zu verstehen

fühlen
mit verbrannter Haut

laufen
ohne Ziel vor
weit geschlossenen Augen

Welt ... vielleicht

Glücklich sein,
wenn Freunde Feinde sind?
Verzweifelt sein,
wenn alles von allein geschieht?
Traurig sein,
wenn Fröhlichkeit Pflichtprogramm ist?

Nur Hängebrücken,
angenagte Seile
über endlos tiefe Schluchten,
am Grund - die Einsamkeit.

Verbannung der schnellen
Dinge,
die so ruhig tun.

Glücklich ist,
wer nichts zu verlieren hat.
Verzweifelt muss sein,
wer nicht arschlecken kann.
Traurig darf sein,
wen nichts mehr hier hält.

Ja.
Traurigkeit als Alternative
zu dem Keuschheitsgürtel,
den die Welt
Einbildung nennt.

Ich nenne ihn
Realität.

stilisiert

Mein kleines Herz
liegt im Schnee und
blutet.
Losgerissen,
Fortgespült,
Rein gewaschen,

In den Müll geworfen.

Weiß zu Rot.

So liegt es da und
wird langsam selbst
zu Schnee.

Geliebter

Fließende Gewänder
um deinen jungen Körper geschlungen
steigst du die sandigen Stufen hinunter,
die dich zum Meer führen.
Der Wind reißt an deinen Haaren,
blitzende Strähnen,
Wellen schlagen schäumend ans Ufer,
Möwen schreien.
Langsam, so als wärst du
versunken in einem Traum,
fast mechanisch,
lässt du das Tuch von deinem Körper gleiten,
stehst nackt auf kaltem Stein.
Doch deine Haut ist heiß.
Der Traum, den du träumst,
lässt dich schwitzen und keuchen.
Deine muskulöse Brust senkt und hebt sich
fast im Takt der See.
Die Wellen begehren dich.
Ein Sturm, ohrenbetäubend,
doch kein Lüftchen dringt an deine Gestalt.
Du setzt den nackten Fuß in die Brandung,
sendest einen letzten Blick
zum Horizont.
Dort, dort werde ich mein Schicksal finden
und ein ewiges Leben führen.
Mit schwerem Herzen, doch leichtem Fuß
schreitest du den schäumenden Wellenkämmen
entgegen, bedächtig, fast schleichend.
Du schwimmst, tauchst unter,
atmest das Tränenwasser.

Stechender Schmerz, klagender Wunsch.
Kurz nur öffnest du die Augen
und das Bild der undurchdringlichen Schatten
brennt sich dir ein,
bevor du dem ewigen Meer
deinen Körper schenkst.
An grauen, stürmischen Tagen
denke ich an dich und glaube,
während ich dabei auf's graublaue,
zerwühlte Meer blicke,
eine kleine Stimme sagen zu hören:

Danke

Vergangene Zukunft

Wo gehen wir hin?
Nach vorn, in die Zukunft?

Dahin, wo es
reicher, schöner, höher,
besser, toller, lukrativer,
individueller, praktischer, direkter,
unkonventioneller und humaner wird?
Da gehen wir hin?
Ist das unsere Zukunft?

Hört sich verdammt nach Vergangenheit an.

Inventur 2005 (nach Günter Eich)

Dies ist mein Kopf,
dies sind meine Hände,
hier fühle ich mein Herz,
drinnen, im Käfig aus Fleisch.

Kalendertage:
Mein Bett, mein Buch,
die Laken zerwühlt und
die Seiten verklebt.

Verklebt von der Müdigkeit
die ich mir leisten darf,
ruhig und still,
sodass keiner davon erfährt.

Auf dem Schreibtisch stapeln sich
Notizen, Gläser und Schreibkram,
doch auch einiges,
was wichtig ist und gut.

So dient er als Kopfkissen
für meine Gedanken.
Nur Träume liegen zwischen
mir und dem Holz.

Am verhasstesten ist mir
das Surren der Birne,
die nachts beleuchtet,
was ich des Tags nicht geschafft.

Dies sind meine Stunden,
dies meine Tage,
dies sind meine ruhmreichen Taten.
Dies ist mein Schicksal.

Nicht müßig zu warten

Der Mond scheint licht
durch das hölzerne Gebälk
des alten Hauses,
in dem ich, kauernd und klein
in einer Ecke sitze und
ganz gespannt, erregt fast,
der Nacht lausche.

Weit entfernt von hier,
vielleicht zweihundert Kilometer,
war ich zuvor und
davor ganz woanders noch.
Ich habe auf dich gewartet,
drei Tage und vier Nächte
das eine, fünf Tage das andere mal
ohne dich auch nur zu hören,
geschweige denn zu sehen.

Gegangen bin ich von dort
in einer ganz ähnlichen Nacht,
wie es die heutige ist.

Ein Spatz zwitscherte mir,
du seiest nun auf dem Weg in
eine große Stadt.

Große Städte sind meine Sache nicht,
folgen jedoch muss ich dir.
Doch wie traurig war ich, als
ich angekommen und du,
wie der Spatz mir berichtete,
vor wenigen Stunden gegangen warst.

Doch die Spur war frisch und
ich eilte mich, dich zu erreichen.
Durch verblühte Haine,
sumpfige Täler,
über lausig kalte Bergkuppen und
einen großen dunklen See
verfolgte ich deinen Weg.

Nun sitze ich hier in
dieser verlassenen Ruine,
kann weder vor noch zurück,
habe Hunger und Durst und
dazu deine Spur verloren.
Dreißig Tage sind es schon,
die ich hier warte und du,
du bist noch immer nicht zu hören,
nicht zu sehen.

Doch ich werde warten.

Warten und beten für den Moment,
da wir uns wieder sehen
und du nicht nur den Hauch vernimmst,
den der Wind von mir zu dir trägt.

Monsieur

Ich möchte nun erzählen,
von einem jungen Mann,
der, außer anderen wehtun,
nicht sonderlich viel kann.

Er redet viel und plappert gern
von sich und seiner Welt.
Was er für arg' Problemchen hätt',
für was man ihn wohl hält.

Man kennt ihn hier, man liebt ihn dort,
doch wenige nur wissen,
dass er keine Gefühle hat,
er hat sie längst vergessen.

Vogelfrei

Samten vereint,
Seide der Häute und Gerüche
mit dem Leinen im Nacken.
Eng aneinander,
so weit von Nähe entfernt.
Liegen und strecken, von
Händen gefasst und die Augen gepresst.
Vor dem blauen Fenster - von draußen
ist es rot -
liegt der See und verlangt
nach dem Wind.
Nasse Kälte und trockener Hauch
im Chaos der Gegensätze.
Sie lieben sich.
Unmöglich ist nichts.

Junge

Junge,
mit weißer Haut
und zerwühltem Haar,
liegst neben mir und
siehst so verletzlich aus.

Junge,
mit Grazie und Mutlosigkeit,
fast feige,
kann man sagen,
doch soweit möchte ich
nicht gehen.

Junge,
soweit so gut.
War schön, mit dir
zu liegen, zu träumen,
zu schlafen.

Junge...
vergessen ist unverzeihlich
und auch zu endgültig,
doch worauf ich hoffe,
ist Zeit.
Zeit, um zu verstehen.

Seht...

Seht, euch wird gegeben.
Seht, euch wird genommen.
Seht, es wird getan,
was zu tun nötig ist.

Seht, euch wird erzählt.
Seht, euch wird verschwiegen.
Seht, es wird getan,
was zu tun nötig ist.

Seht, euch wird geheißen.
Seht, euch wird verboten.
Seht, es wird getan,
was zu tun nötig ist.

Euch wurde gegeben und genommen.
Euch wurde erzählt und verschwiegen.
Euch wurde geheißen und verboten.

Doch seht:

Es wurde getan,
was zu tun nie nötig war!

Unausgesprochen

Sehe dich an,
kann nicht sein wie ich immer bin.
Habe nur Worte im Kopf,
keine Sätze, nur Worte.

Dabei brauche ich Sätze!
Viele, viele Sätze,
um dir erklären zu können,
warum, wieso, weshalb.
Will erzählen,
über mich und dich,
eine kleine Geschichte, sozusagen.

Doch es sind weder Sätze
noch Worte.
Nur Gedanken.
Ein Grund,
weshalb die Geschichte
bleibt wo sie ist:
bei dir und mir.

Worte

Denn es sind nur Worte,
gerufen von Ferne,
geflüstert so nah.

Vertreiben Gedanken der Unruh
und Sorge.

Können fliegen, sacht.
Tanzen, trudeln, sinken nieder.

Liegen, liegen,
schlafen, träumen.

Bleiben liegen,
schlafen nie,
träumen immer.

sin(n)flut

Widerspruch zerschellt
an taubem Gebein –
frierende Arglosigkeit.

Kann ist sollen,
wollen ist müssen.
Regen ist nur die
trübe Pfütze.

Was führt zu wem?
Wer weiß den Weg?
Ist Hilfe noch nötig?

Gut ist böse,
kein ist alles.
Mut macht mehr Mut
und selbstlos ist,

wer, simsalabim,
einen Tropfen auf dem
heißen Stein spürt.

Einigkeit und Recht und Dummheit

82 Millionen.

Mein Nachbar kennt sich aus.
Er sagt immer:
Junge, ehrlich, ich kenn' mich aus!
und zwinkert mir zu,
dabei denkt er an Gulasch
und Kartoffeln und
die Brüste seiner Frau, die
er seit Jahren schon nicht
mehr liebt.

Ein Freund ist immer dabei.
Er kennt viele Dinge
beim Namen und die Mädchen
mögen ihn,
ein Kriterium von größter
Bedeutung, scheint mir.
Was wenige nur wissen:
Allein ist der Freund
ein zerknitterter Löwe,
der bunte Pillen schluckt.

Viele, viele Träume
in 82 Millionen Köpfen:
unwahr
unschön
unbrauchbar.
Warum sind 82 Millionen Köpfe
so leer?

Ein Mädchen, ich bin ihr
grad' auf der Straße begegnet.
Ganz blondes Haar,
ganz rote Lippen,
ganz schwarze Augen.
Ganz tiefe Unschuld
nur in ihrer Seele:

Wäre so gern wieder Mädchen,
mit Mutti spielen und dem
Hund Stöckchen werfen.
Doch sie hat jetzt den Vertrag,
der sie berühmt machen soll.
Dafür sich das Mädchen in
ihr rauben lassen.

3 von 82'000'000.
Es geht immer weiter...

Treppenhaus

Ich wohne in diesem Neubau,
zehnter Stock, rechter Flur,
mittlere Tür.

Vor einer Woche bin ich
diesem Mann begegnet,
im Treppenhaus.

Von unten erkennt man meinen
Balkon an diesen roten Blumen,
ich habe ihren Namen vergessen.

Ich habe den Mann gegrüßt, hallo,
und er hatte diesen Blick
im Gesicht.

Jetzt stehe ich auf dem Balkon
meiner Wohnung in
diesem Neubau,
denke an diesen Mann,
an diesen Blick
und schaue dabei diese
roten Blumen an,
deren Namen ich vergessen habe.

Schau' an den Blumen vorbei,
wage es kaum.
Sehe die zehn Stockwerke
unter mir liegende Straße
auf der bunte, kleine Menschen
laufen und plötzlich
sehe ich wieder diesen Blick.

Drei Etagen tiefer:
Der Mann springt vom Balkon
des siebenten Stocks
dieses Neubaus.

Nach dem Wegsehen
gehe ich wieder hinein:

Gibt noch soviel mehr
als diesen!
und koche Kaffe.

Die Blumen sind durchs Fenster
nur noch blass.

Gottesgang

Durch Trümmer der Stadt
Gekommen und gesehen,
Der Gesichter und Hälse
Und Herzen der Seligen gedacht.

Stimmen, verlassen und mutlos,
Schweben furchtsam über
Ihre steifen Körper aus Vergangenheit
Und Scham.

Scheine einzig und allein
In dieser Welt zu sein,
Wandle gefällt, wie die Bäume,
Durch ihre verloderten Alleen.

Hebe Stein um Stein,
Zu schauen, ob Hoffnung oder Tod,
Ob Liebe oder Feindschaft währt,
Denn an mir liegt es nun:

Neu sähen, neu fürchten,
Den neuen Helden gedenken,
Die neuen Flüsse speisen,
Der neuen Stadt ein Gesicht geben.

Helfende Hand

Öffne Augen und Lippen, dich
zu empfangen.
Strecke Finger und Füße, dich
zu umschlingen.
Kann nicht mehr warten,
möchte dich bei mir!
Heißer Atem an meinem Ohr
und im Nacken.
Fühle die raue Haut
deiner Hände und die
zarte, weiche Haut deiner Wange
an meiner.

In diesem Augenblick, ich
merke, es ist nur ein Traum.
Versuche zu halten,
was so wichtig ist für mich.
Panik umfängt mich: Ich
schaffe es nicht, ich schaffe nichts!
Wildes Toben. Möchte versinken
und nie wieder emporsteigen.

Die Hand, die gar nicht so rau ist,
findet ihren Weg in mein Land
und weist mir die Richtung
nach Hause, zu dir.
Bin wieder da, wo alles begann:
Zerwühltes Laken, schweißnasses Hemd,
Regen vorm Fenster...
Und vor mir direkt die Augen
von denen ich
nicht nur geträumt habe.

Berlin / Sommer

Die Stadt ist aufgeplatzt,
wie ein Kissen nach dem Getobe
übermütiger Jungen.
Federn und Menschen sind eins,
schweben, schaukeln durch die Straßen.
Hier oder dort lassen
sie ihre aufgewühlten, hitzigen Körper
ruhen. Lassen es ruhen, das Leben.
Selbst Dinge von Unansehnlichkeit
können ihren Meister finden
in der Stadt im Sommer,
wenn die Köpfe platzen wie Kissen.

Gestohlene Stunden

So viele Stunden gesammelt
in dem Döschen aus Kristall.
Aufbewahrt, gehütet wie einen Schatz,
gesagt: Für schlimme Zeiten! und
gehofft, dass diese nie kommen.

Doch Stunden lassen sich nicht
in Dosen sperren, auch in
keine aus Kristall!
Sie werden fliehen, flüchten, desertieren.
Sie müssen doch weiter,
können nicht verweilen.

Wie dumm, dies nicht gesehen
zu haben: Jetzt muss ich ohne
gestohlene Stunden, die nicht gestohlen
sein wollten, von vorn beginnen.
Das Döschen bleibt.

Die Stadt Fuck

Ich habe meiner Stadt einen
neuen Namen gegeben:

Fuck.

Es ist ein guter Name für
eine gute Stadt.
Sie gibt mir jeden Tag das,
was ich brauche.
Gibt mir Menschen, gibt
mir Bäume und Gras,
gibt mir sogar Wasser zum
darin schwimmen
oder Schnee zum darin
spielen.
Gibt mir Trost und Heim,
Zuversicht und zuckersüße Träume.

Die Stadt Fuck macht alle
ihre Einwohner glücklich.
Sie kann gar nicht anders.

getagt

Wasserköpfe auf langen Hälsen
sitzen um Mahagoni und Edelstahl,
betten ihre Gedanken auf samtenen Zungen,
zwischen gläsernen Zähnen.

Keine Idee kann entwischen,
keine Wolke zieht zum Fenster rein.
Kein Kopf kann lügen, nur bügeln,
aber nicht einen Gedanken zusammenfalten.

Es sind derer einige, die nichts tun
und noch mehr, die davon viel zu viel.
Ewig ruht der stumme Geist.
Es hat getagt.

Nachruf

Wenn alles gegangen ist,
kein Tag mehr dem anderen gleicht,
wenn jedes Wort, das du hörst
neu scheint, nie zuvor gesagt,

Wenn über Dummheit gelacht wird
und auf traurige Momente
zarte Abschiedsworte sinken,
wenn endlich gesagt werden kann,
was zuvor auszusprechen unmöglich war –

Wenn dieser Tag gekommen ist,
dann sage nicht, es täte dir leid
und verstecke nicht, was du geschafft!
Ehre dich und dein Ziel,
mach dich groß, heute,
denn schon morgen hast du
nichts als Erinnerungen an
eine Zeit voller Wunder.

Solo für A.

Feine Recken, stumm geschlagen,
fielen auf ein Wort über Dich her, um
Dein Schicksal zu besiegeln –

Feige Hunde! Kaschen eine Liebende
unter all diesen Toten und werfen
sie dem Tyrannen zum Fraße vor.

Fiesling und Feind der Trauer,
der er ist, gibt er sich unnahbar,
selbst seinem eigen Fleisch und Blut.

Fürchtet sich vor Dir, der große Mann,
kann nicht durchsetzen, was er
dem Lande angekündigt, und schweigt.

Nach getaner Arbeit, dem schmutzigen
Geschäft jedoch packt ihn hinterrücks
die Angst, denn mit Dir starben:

Sein Sohn
Seine Frau
Seine Seele.

happy geendet

Wie war das noch gleich mit
den Geschichten?
Ach ja:
Es war einmal...

Nein, nicht traurig sein!
Die Blüten wehen zum Abschied
und das ist doch schon was!
Lass uns eine Geschichte erzählen
von Zeit und Liebe,
von Kummer und Luft.
Lass uns vergessen, wie wir,
als der Mittag uns rief,
uns sehnsüchtig liebten, ein letztes Mal,
und wie die Glocke unser Glück zerbombte.

Kein Tosen mehr, kein verstohlener
Blick und kein Leuchten im Dunkeln.
Ich will dich nicht kränken,
mich noch weniger,
doch was ist, kann nicht
mehr werden und was war,
wird nie mehr sein...

Was soll ich erzählen?

Erzähl mir eine Geschichte!

Na schön, es war einmal...

So muss ich wieder beginnen und
werde enden, wie jede Geschichte
endet:

happy.

Liebe & Vernunft

Ich kann der Liebe nicht böse sein.

Wie könnte ich?
Sie ist doch noch ein Kind in
gelben Gummistiefeln und mit
Pudelmütze und Schal,
da kann ich nicht sagen,

Du machst mich wirr und kaputt!

und kann nicht schreien,

Ich verachte dich!

Denn das Kind ist zart und weich,
kann viel zu schnell zerbrechen,
und lernt bei Geschrei nie,
einen einzigen Schritt zu tun.

Daher rühre ich es nicht an,
lass es spielen und jauchzen und weinen,
bis es eines Tages einen Weg findet,
erwachsen zu werden.

Berlin / Herbst

Kein Klischee ist so unvollkommen,
wie die Stadt in ihren schönsten Tagen.
Die Gedanken der Passanten sind offene Wunden
und aus denen sprudelt der Durst
nach Gold und Rot und Braun.
Was sie bekommen ist Grau, aber es macht ihnen
nichts aus, nein. Sie lügen und finden
Grau schön.
In diesen Tagen ist nichts so unvollkommen,
wie das Klischee, das die Stadt
von sich selbst erfunden hat.

Sie ist Grau.

Berlin / Winter

Kriechende Kreuze auf spiegelndem Grund, wenn
er vor den Fenstern steht, die nur noch
Zellen bergen.
Er meint zu frieren, was er auch tut, er meint zu
atmen, was er auch tut, er meint zu lieben, in
dieser Stadt, die im Winter nur soviel
Liebe hat, wie man ihr durch die unzähligen
Münder eintrichtern kann.
Er meint zu schlafen, was er nicht tut. Ganz und gar nicht.
Er kann nicht.

Es ist zu kalt.

Katzen sind auch nur Menschen

Katzen sind auch nur Menschen.
Besonders dann, wenn sie mit
ihren samtenen Pfoten ihr Gesichtchen
putzen, über ihre Schnurrhärchen
streichen und dabei die Äuglein zukneifen
als wollten sie sich verstecken, einem
Kleinkind gleich.
Wenn das Kätzchen mit Kulleraugen
zu einem aufschaut und herzzerreißend
miaut, weil es Hunger oder Liebessehnsucht
hat, wenn es gestreichelt, geknufft und
gehätschelt werden möchte,
dann könnte das Kätzchen auch Läuse haben
und wir würden es trotzdem lieben.

Aber da Katzen die besseren Menschen sind,
lassen sie sich auf Autobahnen, Landstraßen,
Chausseen, Alleen, Wegen und Straßenstraßen
ständig und voller Inbrunst überfahren.

Ach ja, Katzen sind eben doch nur Katzen.

Guter Mann, Sie entschuldigen?

Also da sitz ick in eener so ner Bar,
vor mir n Glas mit schaumjekröntem Bier,
welchet mich schon nach der Hälfte schal anschielt,
und lasset mir ma jut jehen.

Da kommt so ne Frau, heißt bestimmt
Gisela oda Bärbel oda anderweitich vaboten,
und die hat nen Köter dabei, dem ick schon von Weitem
am liebsten in die Klöten tröten ääh treten tät.

„Guter Mann, Sie entschuldigen?
Mein Pfiffi müsste sich mal entledigen.
Er gehört zu einer Rasse, die sich des Öfteren
jedoch nicht selbst entleeren können.

Zu diesem Zwecke würde ich Sie um ihr schales Bier bitten,
kostet Sie ja nichts, nicht war?!"
Und schwupps hatte die Olle mir dit Glas
vor der Nase weg- und ihr Köter ordentlich zujeschnappt.

Denn statt mein Bier zu würdigen,
vabeißt sich Pfiffi in meinen Unterschenkel und
die alte Bärbel macht nen riesigen Uffstand von wegen
Tierquälerei und so weiter.

Die Moral von dem Jedicht?
Jibt's eigentlich nich, aber man könnte sagen:
Bier, ejal in welcher Form, jehört zu den
besseren Umjangsformen und kann zu Bisswunden führen!

Berlin / Frühling

Es ist schon ein komisches Gefühl.
Erstes Summen, Brummen der Autos in
den zuallererst begrünten Straßenzügen,
schamlos, fast obszön gekleidete Menschen
treiben ihr schallendes Lachen vor sich her
wie das Vieh zu Markte.
Überhaupt scheint alles auf Profit aus,
glänzender Hochadel der Ökonomie
in der zarten Hülle eines unschuldigen Frühjahrsmorgens.
Oberfläche besiegt Verstocktheit,
Handtasche ersetzt Gewissen.
Die Stadt kann alledem nichts hinzufügen.
Sie bleibt stumm, wie immer.

Solo für E. (Ehebrecherballade)

Moralverzicht? Nein.
Tatsachenbericht? Ja.

Kannst du, liebe XY, liebe E.,
kannst du von dir weisen, was dir vorgeworfen wird?
Nein.
Bereust du? Vielleicht.
Liebst du dich, wie dein Mann,
dein Kind dich lieben würden,
wärest du bei ihnen geblieben?
Mehr. Und doch nein.

Tatbestand? Moralverzicht.
Anklage erhoben durch Ehemann.
Liebhaber Beiseite geschafft.
(Jener Fall wird aus den Akten gestrichen.)

Fall abgehakt.

Frage: Frau, sind Sie zurechnungsfähig?
Ja.
Frage: Glauben Sie an den menschlichen Wert?
Ja, natürlich.
Frage: Was sind SIE wert?

Schweigsames Unverständnis.

Urteil: (verkündet durch des Volkes Stimme)
Tod durch Ersticken.

Danke...

...meinen Freunden und Kupferstechern, Seelenverwandten und Blutsbekannten, Geliebten und Gehassten.
Danke vor allem (schlicht und ergreifend): Mama.